LA ATARAXIA DEL CORAZÓN

LA ATARAXIA DEL CORAZÓN

SARA BÚHO

Valparaíso
EDICIONES

Número 87 de la Colección VALPARAÍSO DE POESÍA
dirigida por JAVIER BOZALONGO

Imagen de portada: Sara Búho

Primera edición: mayo de 2016
Segunda edición: junio de 2016

C/ Profesor García Gómez, 6, 1º 18004 Granada
www.valparaisoediciones.es

ISBN: 978-84-16560-53-0
Depósito Legal: GR-479-2016

Impreso en España - *Printed in Spain*
Gráficas Alhambra

A mis padres Susana y Ángel, por la vida.
A Adrián, por querer compartir la suya conmigo.

HORA PUNTA

Y allí dentro vi miradas de opresión,
miradas de desconcierto,
de desorientación,
miradas serias,
de preocupación.
Vi ojos atentos a la nada,
ansiedad,
parsimonia,
amor,
complicidad entre dos
y entre tres.
Vi ceños fruncidos enmarcando
miradas de confusión,
de molestia,
de impaciencia,
de sueño,
de sueños.
Vislumbré ilusión y simpleza.
Seguridad, temor, compasión.
Éramos muchos en hora punta.

Yo, como es habitual,
expectante en mi asiento de siempre:
al fondo a la izquierda
junto a la ventana;
con expresión analítica
y restos de soledad en las pestañas,
dueña de una de esas miradas que incomodan.

Esa mañana almacené todas las miradas que,
un día,
serían para ti.

PODRÍA ESCRIBIR

Podría escribir sobre las heridas,
el amor a amarte,
de las despedidas,
del sabor de tu corazón en mi boca,
de las faldas al vuelo,
de los tupidos velos,
de lo que se tarda en olvidar
cuando no se quiere olvidar.
Sobre la primavera y su polen,
del invierno y su infiel frío,
del calor y su infiel verano,
de ser
estar
parecer
y resultar no ser,
ni estar,
ni parecer.
Podría escribir sobre mí,
hilar otro poema
donde echarme a dormir
y que veáis qué o con quién sueño,
donde volver a destriparme
y que sepáis lo que fui,
lo que sentí,
donde formule que quitarle las alas a las moscas
es cosa de adultos,
y las mariposas se van por el retrete
cuando tiras de las cadenas.

Podría escribir eso de que la vida no es fácil,
jugar con las palabras,
jugar con el olvido para recordar
cuánto he querido,
cuánto habéis querido.
Sobre cuánto me duelo,
sobre piedras del camino,
sobre besarlas,
apilarlas,
tirarlas y esconder la mano
para volver a recogerlas,
besarlas,
besarnos.
Besos.
Puedo escribir sobre besos,
sobre sexo,
sudor,
magia,
hormonas
sábanas vacías,
lados de la cama,
desayunos fríos,
la vida en el roce,
en las rozaduras de las rodillas,
morder,
acariciar.
Desamor, amor, recuerdos,
más recuerdos,
noches,
más y más recuerdos,
más y más noches;

soñar,
sueños,
pesadillas,
unir palabras porque sí,
porque nos da por ahí.
Te vas,
vuelve,
vete,
fue bonito mientras inspiró,
mientras suspiró,
mientras expiró.

Sobre lo que sabemos del amor
otra vez,
y otra,
poetas, poesía,
paso.

Podría escribir versos manidos esta noche,
me dejé la caja abierta al tiempo.

Y la vida pasa pero...

pero disculpa,
me estás tapando el sol.

UN ABRAZO

El único monstruo que hay en esta habitación
es la soledad que me envuelve
cuando miro frente al espejo;
y puede que no quiera salvarme,
pero necesito un abrazo.

Necesito un maldito abrazo
y no sé si seguir mirando
o salir a correr calle abajo
en busca de cualquier tropiezo que me frene y que,
sobre todo,
se parezca a ti.

DECLARACIÓN DE UNA MUSA

Lo que lees no es una dedicatoria, es un aviso:
No pienso parar hasta que cada palabra que escribas
pierda totalmente su sentido.
Pienso reinventar cada uno de los versos y los besos
que has ido regalando por ahí durante años.
Voy a colarme entre tus oraciones así como
entre tus sábanas.
Voy a dormir en tus horas vivas y en tus horas muertas.
Voy a esconderme en el sabor de cada sorbo de cerveza
que saboreen tus labios.
Voy a ser tan parte de ti, que tus poemas van a ser
puro narcisismo.

“Si me dejó al margen
fue sólo porque es el lugar
donde se escriben
los mejores poemas”,
me dije.

Un abrazo forzado no calma…
… un abrazo forzado no calma.
Por eso me prometí gritar a los cuatro vientos
“TE NECESITO”, y no a ti.
Porque no me queda voz para tanta sordera;
porque no me quedan lágrimas para tanta ceguera.
Y duele.

ME DUELO

Me duele la boca
de callarme tanto,
cuando debería dolerme
de tanto besarte.

Me duelen los dedos
de contar contigo
del uno al un millón de ausencias.

Me duele saberme
pájaro en tu mano,
y pensarte anhelando
el ciento volando.

Me dueles como duele el frío
y como duele el calor,
porque al dañar,
la sensación es la misma.

Me duele dolerme.
Me duele soñarte posible
y despertarme en una realidad utópica.

Entré en el dolor
para buscarte y salvarme yo,
y la vida se convirtió en un juego de mesa
con más manos que dados
y más bocas que fichas que comer.

Entonces asumí mi vida rota.
Asumo que la vida tiene que romperse
para poder compartirse;
la asumo como algo que tarde o temprano pasa,
como algo que retumba,
como algo que vibra,
que cae al suelo,
y que salpica.

Que si tú no estás para curarme
aun quedándome sin voz y sin silencio,
acabaré repartiendo el duelo
y relamiendo el tedio.

Y es que siempre he sabido aceptar una derrota
hasta que se trató de perderte a ti.

CUANDO LLORO POR TI

Cuando lloro por ti
lloro por toda la ausencia de mí
que dejas al irte.

Cuando lloro por ti,
las lágrimas son ese ejército rendido
que acompaña en la caída
a un cuerpo vacío,
a un cuerpo inerte,
a un cuerpo que es menos cuerpo
porque no siente tus manos.

Resuena en mis pulmones
el llanto apagado,
el llanto a gritos de cobardía silenciada;
el eco de un orgasmo bailando
entre mis costillas que ahora son
trinchera en ruinas
albergando fantasmas
que dicen llamarse
como tú.

Cuando lloro por ti,
mi amor,
me encierro en la insuficiencia
que supone el recordarte,
y en la tortura de imaginarme contigo
en cada recuerdo

que no viviremos.

Y lloro por ti,
mi vida,
porque así siempre te encuentro
entre todo lo que perdimos.

IMAGINA

Imagina que nos despertamos de espaldas;
que ponemos los pies en el suelo y está menos frío
que el beso del desayuno.

Imagina que paseamos toda una tarde
sin rozarnos las manos.
Imagina que no nos la damos ni para cruzar la calle.
Imagina que nos la acabamos dando
y significa lo mismo que no hacerlo.

Imagina que sonreímos por cualquier cosa
y no nos miramos a los ojos.
Imagina que nos miramos y sonreímos menos,
o diferente.
Imagina que forzamos la sonrisa
por no echarnos a llorar.

Imagina que miramos el reloj
y no nos da igual el tiempo.
Imagina que por mirarlo no perdemos ningún tren.
Imagina que nos da igual quedarnos o irnos.

Imagina que nos sentamos en la barra de un bar
y la cerveza nos sabe a agua.
Que no hay nada que decir, ni fuerzas para afrontarlo.
Imagina que empezamos a no ser nosotros
por puro cansancio.

Y ahora imagina que todo esto pasa
aun sabiendo que eres el amor de mi vida.

CUANDO DUELE MÁS UN HOLA QUE UN ADIÓS

No sé querer sólo un poco.
Ni despacio,
ni a medias.

Sólo sé ser ese animal
que siente, lucha y defiende;
que huye
pero nunca a tiempo,
a lamerse las heridas.

El amor es esa leyenda que,
de boca en boca,
se distorsiona.
Es ese ente que sangra
pero que nadie ha logrado matar.
Tú y yo ya hemos sangrado
más de tres vidas,
y no sé cuántas nos quedarán
por resucitar.

Empecé a saber del tiempo
justo en el momento
en el que te eché de menos.
No sé si fue un segundo,
un minuto o un año:
sólo era tiempo.

Y no importó si fue entre los dedos
desde donde lo dejamos correr.
El reloj de mi memoria
se-para,
tu recuerdo es atemporal.

Quiero que entiendas lo imposible
de ser ascua
cuando hemos sido la llama que más ardía
de todo el incendio.
Tú te pusiste las alas
y yo aclamé al olvido,
a mi animal que volvió a huir tarde.

Vivíamos esperando una bomba
que nos acabara estallando en la cara
sin atender al *tic tac*
que se nos escuchaba dentro.

Y llegó el estallido.

Cuando duele más un hola
que un adiós,
es que el amor está mal hecho;
pero está.
Y si no me salió la voz
no fue por miedo a que te fueras,
sino por miedo a que no regresaras.

A día de hoy pienso cobrarme cada derrota
mirándote a los ojos;

porque a pesar de que tu boca sepa a victoria
te prefiero siendo deuda sin saldar
en forma de *ojos marrón tierra donde echar raíces.*

Sólo te pido
que si caigo me dejes en el suelo y
te tumbes conmigo un par de minutos.
La mayoría de las veces es cuestión de perspectiva.

ME PASARÍA LA VIDA

Me pasaría la vida
muriendo y resucitando
cada vez que dudas
si supiera que al final
sólo es,
o bien por romper la rutina,
o bien por crearnos una
para no dejar de querernos
ni un segundo.

Me pasaría la vida
tejiendo una historia
donde nunca llamemos error
a eso de enamorarnos
si con ello no nos acaba matando
el amor
de golpe y porrazo.

Me pasaría la vida
en esta maldita jaula
porque es el único lugar
donde me he sentido libre.

Amor.

Me pasaría la vida
perdiéndome
para que te encuentres

si me prometes que,
en el fondo,
te quieres quedar.

COBARDE

Hay personas a las que se las conoce mejor desde fuera que desde dentro, por eso cuando te enamoras de ellas las desconoces. Y yo le sabía desde fuera, pero llegaron los sentimientos a ponerme esa venda preciosa sobre los ojos. Por suerte o por llamarlo de alguna manera hay muchos ojos que ven lo que tú no.

Mi gran error fue pensar que era distinta. Que yo era yo, y que me quería más que a las anteriores, aun sabiendo cómo había sido con ellas. Cómo va a serle fiel a una mujer en esta vida o en cualquier otra si no es capaz de ser fiel a sus propias verdades. Si no tiene principios, pero sí muchos finales, y ninguno de frente. Porque es cobarde. Porque jamás dejó de ser un adolescente con poca autoestima, y yo pensé que era un hombre porque le vi llorar. Porque le sequé las lágrimas incluso cuando no lo mereció.

Qué ingenua. Me hizo prometer y prometió a quien más respeto tenía que nuestros hijos tendrían mi sonrisa; que si niño y niña, que si su piel, que si la mía. Que si tendríamos un gato o un zoológico en nuestro hogar. Ese que sabía que tanto ansiaba porque nunca tuve.

Viví engañada, porque él vive en su propia mentira y me parecía una realidad increíblemente bonita. Me mantuve de respirar el dióxido que él soltó hasta envenenarme, hasta hacerme más y más pequeña. Ya no quería fotos nuestras, ya no me llevaba por bandera, ya no presumía de mí y espero que por vergüenza. Porque tenía que agachar la cabeza ante esos ojos abiertos que veían cómo probaba otras bocas, y cómo cerraba la mía con poemas.

Poemas que me dejaban con hambre y con sed. Porque el humo no siempre alimenta. Aunque supongo que en realidad es que dejó de quererme y no supo ser valiente. Yo qué sé. Me alcanzó como a una utopía, y me arrastró hasta hacerme tragar la arena de su propia realidad.

Mentiras, mentiras y mentiras. Qué bien mentía.

Él ya tiene su historia y sé que en el fondo le encantará ser un bohemio escritor, con un codo en la barra y el otro brazo rodeando la cintura de mujeres con las que tapar tanta soledad. Con una vida en bragas, literal y metafóricamente. Escribirá a otras y ojalá no vuelvan a creerse sus mentiras.

Benditas bocas que hablan. Benditas. Aunque ahora sólo sean el eco que aún no llega a calarme los huesos. Ya sabemos que el "te mereces a alguien diez veces mejor", "estás guapísima hasta llorando", "el tiempo todo lo cura", lo sabes pero no lo quieres asumir. Porque lo más triste es que el dolor se calma volviéndome a poner esa venda del principio. Porque es lo fácil. Porque aún amas, aunque sea con dolor y odio.

CREO EN EL AMOR

Creo en el amor y no es por ti.
Creo en el amor porque lo sentí
aunque tú lo usaras para no sentirte solo.
Creo en el amor y te odio a ti
por toda esa maraña de desconfianza que has hecho
que sienta hacia mí y hacia el resto.
Ahora que el resto es lo único que suma.

Fuiste un oasis fruto de la esquizofrenia,
fuiste deshidratación y lluvia a destiempo.
Las voces gritan que faltaba amor
y ahora todas apuntan y me disparan brutalmente
en el pecho.
Apuntan a que tienen razón, y corazón.

Creo en el amor a pesar de que sólo me lo hicieras
en lugar de hacérmelo sentir y sentirlo tú.
Creo en el amor porque yo sí lo he sentido por ti.

Las voces preguntan qué te vi, y mi garganta sólo
atina a enumerar las cosas que dejé de ver.
Todo lo que te desconocí en lo infinito
de cerrar los ojos y no volver a abrirlos.

OJALÁ

En este ojalá caben todos los de Silvio Rodríguez

Ojalá ahora que ya no puedes verme,
sea cuando más guapa me imagines.
Ojalá me imagines.
Ojalá me busques en otras bocas;
que busques y busques y me encuentres en todas.
Ojalá te despiertes sobresaltado y acompañado
y que tristemente te des cuenta de que no soy yo,
que no volveré a ser yo,
que entiendas que no puedes encontrar a tu lado
a quien has empujado al olvido.

Quiero que experimentes el amargor
de una despedida
cuando no se dice adiós,
pero se siente.
Quiero que me eches de menos con resaca;
resaca del alcohol que bebas,
y del que te eches en las heridas para sentirme
    de alguna manera.
Ojalá sientas despedirte de mí en todos y cada uno
de los besos que no vas a volver a darme.

Ojalá me alcancen las horas y logre olvidarte,
y asuma que el olvido es una ecuación en la cual
"tiempo" y "espacio" bailan
para que "nosotros" deje de ser el resultado.

SI PREGUNTAN POR MÍ

Si preguntan por mí diles que te quise
como si cada día supiera
que al siguiente te iba a perder.
Si preguntan por mí diles que
yo te di el primer beso,
y que no hubo último.

Si preguntan por mí diles que confié en ti
aunque no quisiera, y que no hice bien.
Si preguntan por mí diles que te dejaste
olvidado el amor en otras drogas,
en otras mujeres,
en otras ciudades,
en otros olvidos,
que te perdiste y te lo dejaste
en encuentros contigo y sin mí,
que cuando volviste no supiste qué hacer
con el recuerdo;
que por eso nunca volviste del todo.

Si preguntan por mí diles que te amé
con la fuerza de una bestia
y te olvidé con la debilidad de una persona.
Que por eso me cuesta tanto.
Que por eso me cuestas tanto.

Si preguntan por mí diles que no sé
domesticar el dolor

y que la única jaula donde lo sentía a gusto
la formaban tus brazos; que ahora que no estás se dedica
a buscarle sentido a la libertad sin tus caricias.
Y que me asusta pensar en la vida.
Que me aterra la soledad.
Si te preguntan por mí diles que no soy perfecta,
que nunca me importó llevar carreras en las medias,
pero que me tapo la risa con la mano
porque no me gustan mis dientes,
sobre todo desde que no se agarran a tu cuello.

Si te preguntan por mí diles que te devolví casi todo.
Tus camisetas,
tus regalos, ese anillo que tanta ilusión y de tanta farsa
disfrazó un compromiso roto.
Que seguramente fue lo primero que encontré
cuando abrí los ojos y apreté los puños.
Que intenté quitarme el amor con la rabia
y seguramente, en esa bolsa donde metí todo,
también se colara alguna lágrima,
algún aplauso y algún golpe contra la pared.
Si preguntan por mí diles que nunca creí en el amor libre,
que yo creo en la libertad que proporciona el amor.
Que no pedí que fueras fiel,
que pedí que fueras sincero.
Si preguntan por mí diles que tiraste la toalla
hace tiempo, que por eso se te da mejor dejarme olvidar
que dejarme quererte.
Si preguntan por mí no digas nada.
Pregúntate por mí y recuerda que eché a volar
porque el ciento volando no cabe en una mano.

POETAS

Poetas que desafiáis al amor y perdéis.
"Mujer de tu vida" es cuando la vida pasa y no hay otra;
no es con la que imaginas pasarla.

Románticos del Romanticismo
sin puentes desde donde dejarse caer,
pero sí barras de bares,
drogas y hueco de sobra en la cama.

Y soledad de sobra también.

Poetas de bragueta.
Poetas que llevan el desayuno a la cama
sólo entre las piernas.

Que quieren querer y se acaban queriendo;
que quieren querer y se acaban odiando.

Con el amor
no se juega queriendo
y menos

sin **querer**.

ADIÓS

Le dije adiós tantas veces
que llegó a ser una forma de no irme nunca.

Cada vez que decía adiós
me retumbaba la calma en los costados
porque no era adiós,
era estoy aquí,
era ven a buscarme
que sólo tú me encuentras.

Decirle adiós
era acorralar a la esperanza.
Era esperarle y perderle
al mismo tiempo.

Adiós.
Adiós.
Adiós.

Perdí la cuenta;
dije adiós más veces
de las que merecía,
de las que podía soportar.

Decirle adiós
fue atarme a su recuerdo
en la cárcel del olvido.
Y a la vez

atarme al olvido
en una cárcel de recuerdos.

Le dije adiós de tantas maneras.
Le dije adiós con tantos restos
de “ven ya” en la boca,
que sólo se cumplió cuando no lo pronuncié.

Acabé descubriendo
que para que pudiera ser una despedida,
no tenía que dirigirme a su corazón
sino al mío.

Adiós a mí,
adiós a mí contigo.
Adiós.

Mis pies, mis tropiezos.
Mi piel, mis cicatrices.

Respetar el error es respetarse a uno mismo.

NO TE QUEDES POR MÍ

Una noche de tantas
esperando que hagas más,
y me digas menos.

Una noche de tantas para aprender
que esperando no todo llega,
que el tiempo no alcanza al reloj,
y que el corazón no se marchita pero se cansa.

TEQUILA, SAL DE MI VIDA Y LIMÓN

He deshojado más libretas que margaritas;
no me culpes por no querer que las flores
carguen con nuestras dudas.
Bastante tienen ya con eso de
estar muertas tres cuartos del año.

Puede que en eso nos pareciéramos a ellas.

No te precipites,
al vacío saltamos los dos juntos.
Tenemos todo el tiempo del reloj
para mirar al precipicio
y el del mundo para darnos cuerda.
Y para tirar de ella cuando nos aburramos.

Tenemos el paso firme
y las manos temblorosas de tanto olvidar.
Los tropiezos son un paso más
dentro de esta coreografía,
y tu voz es algo parecido a esa melodía
que se viene a la cabeza
pero que no es suficiente para acordarte de la canción.

Tengo tres poemas a medias
y medias tintas que no saben escribirse.
Tengo madrugadas de sobra,
falta de sueños
y algún que otro canto

donde dejarme los dientes.

Tienes una facilidad en la mirada
que hace que el parpadear del resto
deje de ser un acto involuntario.
Tienes un corazón tan grande
que el día que el mundo se dé cuenta
se planteará usarte como motor.
Tienes tanto que ofrecer en las manos
que el ciento volando querría quedarse
a vivir en ellas para siempre.

Y yo de nuevo tan cansada del cansancio,
de dormirme cuando puedo
acunando recuerdos;
cansada de mi ausencia cuando no es tuya
ni por ti.

Y tú que prometes la cura,
y juraría que ya la probé naciendo
de entre los poros de tu piel;
vestido de oasis,
desnudo de excesos,
sediento de almas que paren a beber de ti,

te metes en mi guerra
y das tregua a mis pesadillas.

Pero no te vas a quedar,
así que puede que dejes de ser oxígeno
y te vuelvas dióxido que juega a los bares;

y yo a ese remedio tan antiguo,
ese del
tequila, sal de mi vida y limón.

Y que le den a las heridas si escueces.

DE OLAS QUE SE ROMPEN

He salido a hablar con las olas
sólo porque sabía que ellas iban a romperse
antes que yo.

Las rocas se han limitado a dejarse abrazar
aplacando la violencia
y reteniendo restos de cada impacto.

Las rocas están perdidamente enamoradas;
es el secreto que guardan todas las costas.
Se van desgastando,
dejando al agua ir con la certeza de que volverá
con más fuerza.
Que volverá,
y volverá para romperse
donde "como siempre" y "hasta nunca"
se hacen equivalentes.

Yo he sido impacto.
Encerré el desamor en una jaula cuando se puso violento;
le observé,
sufrí su agonía,
la escribí;
sentí sus golpes contra sí mismo,
contra él, contra mí
y contra un nosotros que ya no era.

Confundí las rocas con la arena.

Arena que me dejaba ir prometiendo quedarse,
y yo volvía,
pero ya no estaba allí.

Y llegas.
Te miro a los ojos y es como darle la espalda al mar,
sola y únicamente para cerrarlos y dejarse caer después.

Prometí no volver a reconocerme en palabras,
y lo último que he acabado comprendiendo
es que las únicas promesas que rompo
son las que hago conmigo misma;
lo penúltimo,
que la verdadera felicidad es la que se siente por otros
pero nace en el propio estómago;
lo antepenúltimo,
que sé que no podría ser taxista porque todos los caminos
acabarían en tu casa: y todo sin hablar de Roma
y mucho menos del amor.

Eres esa afirmación tajante que a veces abruma
y otras da ganas de vivir sola y únicamente
por y para demostrar su culpabilidad mientras sonríes.
Y sí, la vida da vueltas y yo bailo contigo,
pero es ella la que me pisa los pies:
no le eches la culpa a los tuyos
que sin saber cómo te han traído hasta aquí.

Que toda la redundancia cabe en un beso,
mientras nos callamos un "que se joda el amor",
y no pediré disculpas porque no lo siento.

LO QUE TE ECHO DE MENOS

Te cambio tres excusas por tres motivos
si miras hacia delante un segundo.
Te cambio tres pasos hacia delante
por tres hacia atrás si prometes que vas a seguir
mirando al frente.

A menudo se nos olvida que el vértigo no se siente
sólo cuando miras hacia abajo,
que también se siente cuando vuelves la vista hacia atrás,
hacia ese pasado que tanto pesa;
yo siempre fui de perder el equilibrio
hasta que encontré en tus ojos dos razones
por las que no caer,
aunque no caer no implica estar sentado
y eso es algo que aún hay muchos que no entienden.

Que tú no estás para luchar por nada ni nadie,
y yo ya fui de farol demasiadas jugadas con tal
de no perder una partida al amor.

Que no estoy para que me quiten caramelos de la boca,
y mucho menos si es con besos;
que las únicas derrotas que quiero saborear
son conmigo misma besando el suelo frío en una noche
de verano.

Que prefieres las excusas a los motivos
y seguir mirando al frente,

y lo respeto,
pero en las guerras,
sólo se gana cuando hay una razón.

A mí las fuerzas me han nacido de las razones
    que me quitas,
y voy a tener que quemarlas.

Para querernos seguramente tengamos
    que destrozarnos antes,
y es un precio demasiado alto para esta burda cobardía.
Pero esta noche prefiero ser valiente,
o al menos honesta,
y reconocer que todo lo que te echo de menos
es culpa mía.

PONME TÍTULO Y ME LO CUENTAS

La próxima vez,
antes de pillarnos los dedos
nos encargaremos de destrozar la puerta;
pero ya no serás tú
y obviamente no seré yo.

Es lo que queda;
y si todavía dudas,
prueba a hablar de nosotros
pero en pasado;
como si hubiéramos llegado a ser algo.

Si escuece, no me llames;
seguramente ya habré salido corriendo
en defensa propia.

No por no ponerle nombre a una silla
es menos silla;
y has pretendido hacer lo mismo con un sentimiento;
no sé si llamarlo ingenuidad o cobardía.

Llevo unas noches repitiéndome "te lo dije",
y no es por ti,
es por mí;
seré franca:
tengo el corazón tan roto
que cuando bailo suenan cristales.

No es culpa tuya,
tú no lo rompiste:
llegaste con la intensidad un mar inmenso,
como una tormenta en medio de un desierto,
y con cada ola erosionaste los bordes
de cada trozo.

Ya no duele el cristal,
pero vuelvo a ser desierto y sed.

Porque cuando quedarse es tentar a la suerte
del que pone las cartas sobre el tejado,
me quedo conmigo y mis circunstancias.

Somos de quien vemos cuando nos miramos al espejo.

TE MENTÍ

Te mentí.
Te mentí cada vez que te miré a los ojos
para decirte que todo estaba bien así.

Te mentí en cada barrera que puse:
ni aquéllo era una trinchera,
ni atacaban con piedras,
era un ejército armado con flores.

Te mentí desde el principio.
Yo ya sabía que iba a enamorarme de ti
antes de preguntarte
si ibas a besarme de una vez.

Te mentí.
Yo ya sabía que me metía en la boca del lobo,
pero es que no quería otra;
ser consecuentes nunca fue la primera opción.

Te mentí,
no dejé de escribirte ni un solo día:
arranqué las páginas.

Te mentí,
te mentí una y otra vez.
No quería que ese beso fuera el último,
ni esa noche.

Te mentí en la playa:
me moría de frío en la orilla,
pero sabía que tú también.
Te mentí en la noria:
la verdad es que no tenía tanto miedo
a las alturas,
lo supe en cuanto me cogiste en brazos,
me elevaste y me hiciste girar junto a la catedral.

Te mentí cada vez que te fuiste:
no estaba dormida,
era que tampoco quería despedirme.

Te mentí cada vez que te dije
que el espacio era lo mejor,
yo ya tenía calculada la distancia
que hay entre tu sueño y el mío,
por si la realidad apretaba demasiado.

Te mentí,
tenía miedo,
y cada vez que te mentía
me mentía a mi misma;
pero claro:
eso tú ya lo sabías.

16:59

Te estás guardando para ti
algo que ya es mío,
por eso tienes miedo.
Por eso acusas a mi valentía
y condenas mis verdades.
Por eso matas mis miradas
mientras te absuelven.

ADJUNTO TU NOMBRE

Dijiste que se nos ocurriría
una forma de teletransporte
para reírnos de la distancia;
mi espalda reconoce tu huella dactilar,
no me hables de tecnologías.

A decir verdad no sé si son tus palabras
o las he soñado,
seguramente sea lo segundo.
Para ti la distancia siempre fue un impedimento,
para mí sólo lo era la falta de ganas;
ésas que no sé si he perdido
o sencillamente han volado
porque querían perderse contigo.

Nunca dura más el perfume que el recuerdo
y tú no te pones,
como temiendo que se quede en mi ropa
más de una noche;
no me has hecho un favor,
pero te doy las gracias,
así no me dará un vuelco el corazón
cuando crea reconocerte en el aire.

Es más fácil odiar que sentir indiferencia,
por eso te sigo queriendo a mi manera,
ni mejor ni peor;
sin querernos como locos

ni siquiera vamos a la deriva:
somos barcos fuera del mar.

Pero recuerda que no fui yo quien rompió
el primer plato,
fuiste tú con esa sonrisa de crío dibujada en los labios.
No me vengas con esas de que si 'las manos de trapo'
ahora,
que ya he roto la vajilla entera.

Ya no miramos el mismo atardecer,
hemos cambiado los buenos días por las buenas noches.
Por separado.

Disculpa si me voy demasiado lejos,
sólo intento mirar desde tu perspectiva;
no sé si soy cobarde o valiente por salir a correr
cada vez que me doy cuenta de que quiero quedarme,
pero necesitaba perder el aliento sin ti
para estar bien conmigo.

CONCLUIREMOS QUÉ

Yo volveré a despertarme a la tercera alarma
en lugar de con tus buenos días.

Tú volverás a dormir temprano
en lugar de leerme historias en la madrugada.

Yo seguiré durmiendo la siesta
y tú odiándola.

Tú seguirás perdiendo autobuses
pero ya no pensarás en mí para que te rescate.

Yo volveré a buscarme en el espejo
y tú volverás a buscarte en otros ojos.

Los conciertos seguirán
así como seguirá nuestro amor por la comida basura,
pero lo compartiremos con otros.

Se te seguirán olvidando las llaves y los besos
pero no abrirán la puerta de mi casa ni serán mis labios
los que te esperen.

Yo seguiré llegando tarde a las citas y a la vida en general
y serán otras personas las que rían mis excusas.

Seguiré dejando mensajes a altas horas,
pero serán en otro buzón de voz.

Seguiré.
Seguirás.

Quizás nos recordemos en algún momento a cámara
lenta
cuando alguien pronuncie mi nombre o el tuyo
y no seas tú,
y tampoco sea yo.

Nos aferraremos al largo plazo
y cerraremos los ojos al corto por sentir la velocidad de
esta noria
que se nos fue de las manos y se volvió carrousel.

Yo me convenceré de que ahora eres más feliz y sonreiré,
tú te convencerás de que tomaste la decisión acertada y
sonreirás;
y batiremos nuestras alas bien alto como si no supiéramos
que los pájaros
se cansan de volar.

Sonreiremos como idiotas
que no tienen ni idea,
pero que se van dando cuenta de que si hay algo
realmente efímero
son las personas cuando no se aferran al recuerdo de
alguien más.

Y la única verdad será
que la vida sigue,
que la vida siempre sigue.

NOS, TÚ Y YO

Todo pájaro necesita una rama o una cornisa,
yo tenía sus brazos y sus labios,
y él me tenía a mí.

Me tuvo siendo él pájaro también,
y yo le tuve;
y sólo la incertidumbre del no saber quién echaría a
volar antes
nos mantuvo con vida.

El vuelo nos mató.
Ambos sobrevivimos.

Esa debe ser la definición de inmortalidad.

VA MEJOR

Hablar en pasado
a veces
jode;
pero más jode hablar en futuro
sabiendo que no va a cumplirse.
Hablar en pasado,
a veces,
salva.

Y va a mejor,
sobrevivirle ha consistido
en rebobinar la historia
para dejar de lado todo lo que le desconocí
por enamorarme.
Sobrevivirle ha sido volver a conocerle.

Una mañana me miré al espejo
y con la venda de los ojos me hice un lazo en el pelo;
ahora estoy más guapa y menos ciega

Y va a mejor,
no hay sueños ni pesadillas
que pongan dos pies izquierdos
a cada mañana.

Recordar no es lo mismo que no olvidar,
el olvido es el recuerdo cuando deja de doler.
Mi sistema de autodefensa,

el que tanto temía,
el que tanto amo.

Que la herida va a mejor cuando escuchas su nombre
y no se te retuercen las tripas,
cuando escuchas su voz y ya no te giras.

Va a mejor,
lo sé,
el olvido habita en mi estómago
y el recuerdo se ha quedado jugando
fuera de casa;
como un pájaro sin alas.

...

Tarde o temprano
el tiempo nos da la hostia
que hace que el corazón y la estupidez
vuelvan a su sitio.

CONTIGO.

CONMIGO.

NO ESTOY MUERTA

De pronto llega alguien que quiere quedarse
a sabiendas de que estás rota.
Llega alguien que no pretende repararte
porque sabe que la vida y tú ya tenéis un trato
y no tiene nada que hacer.
Que a lo que llamas poemario lo llama experiencia.
Que es capaz de bailar cada uno de tus latidos
   sin importar el ritmo.
Que no coarta el amor, que lo deja fluir
y hace que lo dejes fluir salvaje
porque no puede ser de otra manera.
Que no busca las palabras exactas, pero las tiene.
Que no ve el naufragio, sólo el mar.
Que cuando sonríe se convierte en la auténtica
metáfora de la vida y no tiene ni idea.

De pronto llega alguien.
De pronto llegas.

Llegas y te coronas con todas las espinas
   que voy escupiendo,
paseas por mi habitación y la conviertes en un laberinto
   de sueños,
acampas en mi mente y la creatividad
se congela un segundo antes de empezar a derretirse;
edificas cada vacío, y ahora encuentro el mar
hecho sonrisa al volver cada esquina.
Llegas y te plantas de frente para que no pueda mirar

a otro lugar
y me doy cuenta de que nunca llega tarde algo
que no se espera.
Llegas y me haces caer en la cuenta de que
el amor es como las hadas de Peter Pan,
que sólo mueren cuando no crees en ellas.
Conectando tu herida con la mía llegas
y te conviertes en la primera persona
capaz de hablar de paz sin mencionar la guerra.
Llegas y no prometes quedarte, pero te quedas.
Llegas y no prometo quedarme, pero me quedo.

De pronto llegas
con tu ejército de silencios,
pero esta vez no vienen para luchar;
como un trébol de cuatro hojas en medio del desierto,
no salvas
pero das esperanza.

AMOR, EL AMOR

Te miré a los ojos como quien se topa con un milagro
sin haber creído nunca en ellos.
Palpé tu piel como si tuviera sólo un instante
para comprobar que las nubes sí son de algodón.
Te leí mi corazón como si hiciera algo prohibido.
Besé tus labios como si pudiera dolerte al contacto.
Imaginé una vida contigo como si pudieras no ser
    un espejismo.

Mi vida,
un laberinto es un laberinto sólo
cuando descubres que estás atrapado
y hay una salida.
Nunca mientras.

Amor,
el amor.

INMUNIDAD

Existen personas que hacen que te cuestiones el amor
después de haberlas amado con toda tu alma.

Personas que te hacen descubrir que amor y odio no son antónimos,
personas que no se van aunque ya nunca vuelvan;
que están incluso cuando no han llegado a quedarse.

Hay personas que van más allá del amor,
del reloj y del espacio.
Hay personas que permanecen sin aferrarse
y sin pretenderlo.
Personas que ni aprietan ni ahogan ni son conscientes
de que son ese tipo de personas;
que pasan de puntillas por tu recuerdo
sólo para bailar con el olvido sin llegar a fundirse con él.

No puedes luchar contra ellas porque no son el enemigo,
pero hacen de su imagen un duelo temporal con uno mismo
hasta caer en la cuenta de que son ellas y sólo ellas
las que le dan sentido al agua
cuando cala hasta los huesos.

Existen personas que nunca dejan de existir
fuera del amor,
fuera del aire,
de la memoria.

Y yo no puedo echarte,
sólo aprender a vivir sin ti
y volver a enamorarme
sabiendo que tú eres inmune al tiempo
aunque ya no te quiera.

EL AMOR NO SE ROMPE,

SE DESCOSE.

A92

Supe a ciencia cierta que estaba enamorada de ti
mientras conducías por la A-92;
no te lo dije,
yo soy la de los "te quieros" a destiempo
y sólo espero que no llegue el día
en que dejes de disculparme por ello.
Soy la que ha perdido la fe mil veces
y que, como suele pasar con todo,
volvió a aparecer justo cuando dejé de buscarla,
cuando nos encontramos.
Cuando aparece, el amor es esa certeza que dura
    un momento
y aun así no termina de desvanecerse

No voy a andarme con rodeos,
eres un simulador de vida perfecta
y yo soy una indigente emocional
con miedo a la riqueza.
Soy de las que piensa que en el mundo
algo falla cuando las personas
soportamos mejor el dolor que las cosquillas,
aunque las tuyas no las cambiaría por nada.
Soy catastrofista,
llamo cementerio a un jardín de flores muertas
desde que se me murió un cactus
y lo comparé con el amor de mi vida.
Que no sé mucho sobre mí,
pero hablo en pasado, presente y futuro

cuando digo que
las cosas importantes siempre las digo
llorando, riendo o sin querer.

Lo que quería decir en realidad
es que quiero que discutamos,
que nos hagamos polvo a palabras
y que luego no sepamos desatarnos las manos ni la boca;
que nos quiero vulnerables y típicos desde fuera,
y fuertes y anormales desde dentro;
que quiero conocerte sucio y desde el suelo
porque convertirte en utopía sólo logrará hacer que me
canse.
Porque es por eso por lo que el amor no funciona
en este mundo:
lo hemos matado a utopías.

Que sólo quiero perderme en cada uno
de los matices de verde que conjugan tus ojos
y quiero, sobre todo, que sepas que me enamoré de ti
porque eres capaz de hacer lo que otros
no son capaces de decir.

Su ansiedad debía ser como la de las flores cuando
se acerca la primavera.
La mía es como la de un cactus enamorado de una nube.

TÚ

Te me antojas antología
a pesar de que los mejores poemas
no los escribí con el corazón de una pieza.

Cuando el amor me ata las manos
no sé cómo plasmarte
sin soltarme de las tuyas;
quizá resido ahí:
en tu mano palabra,
en tu brazo verso,
en tu cuerpo poema,
en tu corazón poesía.

Aunque si vamos a empezar
a llamar poesía a cualquier cosa
dejaré de ponerle tu nombre.

Tú no eres musa,
eres literatura;
estás en todas tus formas
te busque o no te busque,
me encuentre o no me encuentre;
y es entonces cada letra una burda copia,
un leve intento,
un insípido bocado,
un insaciable trago de ti.

No sé cómo escribirte
sin profanarte,
pero lo haré,
y no por falta de fe
sino por exceso.

Amor,
la diferencia entre tú y el resto,
por estúpida que parezca,
es que estás viéndome crecer el pelo
entre tus dedos,
y ahora llevo en la espalda más besos
que puñaladas.

Podría seguir,
pero aguarda,
si quieres te lo resumo:
mírame a los ojos.

EL ESCONDITE

No sé qué tienes que cuanto más te alejas más te clavas.
No sé qué tienes que cuanto más me acerco más me olvido de mí,
y me olvido de que me quieres por quien soy.
Entonces
qué sentido tiene que me olvide de mí,
si mi agonía grita tu nombre y tú respondes.
Qué naufragio es éste si nuestros corazones siguen a flote.
Entonces
qué sentido tiene que te claves si te alejas.
No sé qué tengo
que desde que pusiste tus manos sobre mí
siento mi cuerpo bendito
y la sangre ardiendo.
No sé qué tengo
será Miedo,
de quererte.
Pero es que ya te quiero
y tú me quieres por quien soy,
qué sentido tiene maltratarme
si no hay mejor razón para amarme que precisamente ésa.
Si mis cicatrices ya no pican.
Si mis heridas no escuecen.
Qué sentido tiene que te alejes
si no te has movido ni un centímetro.
Que no sé,

que no sé qué tienes
que cuanto más te alejo más te clavas,
que cuanto más te alejas más me clavo,
que cuanto más te alejas
más me alejo
y más absurda
me siento.

IDAS Y VENIDAS

Yo, que era de los tristes,
derramé el agua de todos los vasos
medio vacíos
que se interponían entre mi presente
y mi futuro.

Yo, que me desperezaba de toda esperanza
cada mañana al abrir los ojos
por no pelear contra la ausencia de ganas,
vi arder en mis sueños campos de tréboles
de cuatro hojas cerilla en mano
para despertar creyendo,
pero no en la suerte.

Yo, que saboreé el hastío más insípido
al buscarme entre un montón de gente
que no era yo,
acabé encontrándome cuando
dejé de reconocerme.

Yo, que era de los tristes,
un día sonreí.

La vida sigue siendo terrible,
pero tengo tus ojos
para mirar lo lleno que puede estar un vaso vacío;
desperezarse tiene que ver con rozar tus pies fríos,
y creo más en el campo de causalidades que te han traído

hasta aquí que en un incendio de casualidades sin sentido;
me empujaste del hastío al amor,
y me encontré en ese punto donde
"me quiero" y "te quiero" se unen.

Y aun así
a veces,
los fantasmas me cierran los ojos,
me atan las manos,
me cierran la boca,
me gritan que estoy loca
y hacen que me pregunte
quién soy y por qué
te pareces tanto al incendio,

Yo, que era de los tristes,
ahora lo entiendo:
formar parte de algo grande
siempre me ha hecho sentir
infinitamente pequeña,
es normal perderse
viviendo en un corazón tan
inmenso como el tuyo.

Puestos a odiar,
odio
todas
tus primeras veces
sin
mí.

ANOCHE MIENTRAS ESPERABA

Él no escribe nuestra historia,
pero no deja de vivirla ni un segundo.

No amenaza con secuelas,
leo sus labios a cámara lenta
siempre en versión original.

Aprendí que los versos pueden ser más efímeros
que los suspiros;
un verso puede acabar siendo de cualquiera,
pero un suspiro suyo por mí es mío y sólo mío.

La inmortalidad es relativa,
y yo sí escribo nuestra historia,
pero no asumo que poesía es lo que queda
de una historia de amor
cuando se acaba;
me gusta pensar que la mejor
es la que no se escribe pero se piensa de manera constante,
que fluye,
por eso de que para mí,
poesía se parece más a morir tras vivir a su lado
ingeniando mil maneras de decirle te quiero
y que jamás se canse.

ES, POR ENCIMA DE TODOS

Es el golpe de aire que entra en los pulmones
justo antes de la asfixia.
Es todos los lugares de los que me he ido
queriendo quedarme a vivir;
y a morir.
Es cada uno de esos atardeceres que he visto desde el mar
rogando que no acabaran.
Es toda la abstracción que cabe en un segundo,
y la caída mortal que me despierta de cada pesadilla.
Es chocolate y es caramelo.
El yin y el yang.
La adrenalina tras el paro cardíaco.
El golpe justo después de la anestesia.
La libertad más arraigada.
El más sonriente de mis miedos.
Mi paz, mi guerra.
Mi grito más íntimo.
Mis veinte millones de lágrimas de felicidad.
Los platos rotos en las aceras de mi ciudad.
El equilibrio.
La caída de cada uno de los muros
que construyeron para mí.
Mi constante recuerdo.
Mi intermitente huida.
El levante que me lleva siempre a casa.

Su beso es el punto de apoyo
con el que podría mover el mundo,

si es que el mundo me importara algo
mientras le beso.

Él es todos los poemas de amor que me quedan
por escribir.

NO SIEMPRE ES EL ACIERTO

A veces no es el acierto,
es el disparo lo que sana,
lo que duele,
lo que cuenta.

No es la cama vacía,
son las ganas de que alguien la ocupe.
No es la ausencia,
es la soledad.
No es desamor,
es amor propio.

Puede que aún no lo sepas,
repite contigo:
la felicidad no está ahí fuera,
está aquí dentro
en el estómago,
en la piel,
en los huesos.

Si piensas que la tristeza se clava,
prueba con las miradas
de conciliación frente al espejo.
No es necesario morir para estar muerto,
ni es necesario vivir para estar vivo;
la clave es el intento.
No tiene que ver con ellos.

No
tiene
que ver con ellos.

La vida cambia cuando dejas de contar fracasos
y comienzas a contar logros,
por eso un día dejé de soplar dientes de león
y empecé a enseñar los míos.

Y no tiene que ver con ellos,
el cambio
se siente
en las propias entrañas.

Por eso de que el disparo,
a veces,
es lo que duele,
es lo que cuenta,
es lo que sana,
y no el acierto.

TE VENERO

Venero tu existencia
por encima de todo amor.

Me agarro a cada recuerdo
como si fuera un sueño
a punto de desvanecerse
justo antes de despertar;
como si pudieras no ser real,
como si pudieras no ser.

Tú, que has convertido lo ordinario en extraordinario.
Tú, que has convertido en sueño la realidad.

Tú.

Tú no eres mago,
eres magia.
Llevas en las tripas el poder de amar
sin trampa,
ni cartón,
ni letra pequeña.

Me maltrato a ratos imaginándote imaginario,
imaginándote onírico, translúcido,
imaginándote inexistente en el vacío de mi estómago.
Me maltrato a ratos despojándome de ti,
y me encojo y me revuelvo como una niña pequeña
asustada y frágil.

Y me consuelo recordándome que si te pienso
inexistente ya existes.

No sabes lo que escuece imaginarse sin ti
después de ti.

Pero no por eso te venero,
te venero por encima de todo amor;
aunque sin ti el amor no logre
abarcar mi existencia.

PLIEGUES

Quiero que tengas la luna un poco más cerca,
que dejes de notar la gravedad.
No es tan difícil si dejas de pensarlo un segundo.

Quiero darte un besito en cada herida,
marino,
salado,
que escueza
y de ese modo
no puedas nunca olvidarte de mí.

Quiero curarte el insomnio,
acunarte en mis ojeras,
hacerte cosquillas con las pestañas
y que algún día te hagas hueco en mis pliegues.

Quiero que seas tú toda nuestra vida,
apartarme el cabello blanco de los ojos
y seguir viéndote bailar con la misma
sonrisa de octubre y no otra;
con la misma mirada de otoño y jamás otra.

Quiero encontrar al joven en el viejo
y que nunca nos distorsione el amor.
Quiero seguir enamorada de ti,
y nunca dejar de reconocerte.

Quiero ser pasado, presente y futuro
y navegar en tu percepción del tiempo;
quiero hacerme vieja anudada a tus entrañas,
y poco antes de morir,
tatuarme que eres el amor de mi vida.

Entrar a la ducha juntos con la piel ya arrugada
y sentir que hemos vivido,
que estamos vivos,
y que te quiero como te quería
cuando te empecé a querer.

A Francisco Caparrós, donde estés:
Gracias por hacerme ver que un poema nunca termina de leerse.

ÍNDICE

La segunda edición de
La ataraxia del corazón de Sara Búho,
número 87 de la Colección Valparaíso de Poesía,
se terminó de imprimir
en Gráficas Alhambra
el 10 de junio
de 2016.